Schirner Verlag

Die Autorin

Ursula Schuster, geboren 1960, hat vor zehn Jahren begonnen, sich in verschiedenen alternativen Heilmethoden wie Reiki, Schamanismus und Engeltherapie sowie zum Wellness- und Mentalcoach weiterzubilden. Seit 2006 leitet sie selbst spirituelle Kurse, in denen sie vor allem mit dem Gesetz der Resonanz und mit Affirmationstechniken arbeitet. Aus dieser Arbeit ist das vorliegende Buch entstanden.

Das Buch

Affirmationen sind eine einfache und schnell umsetzbare Methode, das Leben in die gewünschte Richtung zu lenken. Dieses Buch erklärt auf leicht verständliche Weise die Grundlagen dieser Arbeit. Der Leser lernt ohne viel theoretischen Ballast, wie er seine eigenen Affirmationen so formuliert, dass sie auch garantiert wirken. Darüber hinaus bietet das Buch zahlreiche aus der Praxis kommende und nach Themenkreisen geordnete Affirmationen, die sich vielfach bewährt haben.

Ursula Schuster

Die besten Affirmationen für Körper und Seele

Schirner Verlag

ISBN 978-3-89767-949-8

Ursula Schuster:
Die besten Affirmationen
für Körper und Seele

Umschlag & Satz: Daniela Schirach, Schirner
Abbildungen: www.fotolia.de
Redaktion: Bastian Rittinghaus, Schirner
Printed by: FINIDR, Czech Republic

www.schirner.com

1. Auflage 2010

Inhalt

Vorwort

Seit vielen Jahren arbeite ich im spirituellen Bereich als Beraterin und Mental-Coach. Gerade in den letzten Jahren nahm dabei auch das Gesetz der Anziehung eine wichtige Rolle ein.

In meiner Tätigkeit habe ich festgestellt, dass Menschen vor allem positive Zusprüche brauchen, die sie auch glauben, annehmen und emotional nachvollziehen und dadurch positiv verinnerlichen können.

Versuchen Sie vielleicht auch schon seit längerer Zeit, Ihr Leben zum Besseren zu verändern? Haben Sie Ziele und Wünsche? Möchten Sie beispielsweise mehr Harmonie, Fülle, Gesundheit, Liebe und Erfolg erfahren?

Dann können Ihnen diese Affirmationen dabei behilflich sein, einen Quantensprung auf dem Weg zum Erschaffen eines völlig neuen Lebens herbeizuführen. Sie sind so formuliert, dass Sie Ihre Wünsche und Sehnsüchte als bereits erfüllt fühlen und glauben können.

Im Folgenden finden Sie in verschiedene Themenbereiche unterteilt Affirmationen, sodass Sie sofort die für Sie passende heraussuchen können. Sie lernen mit diesem Buch aber auch, die für Sie richtige Affirmation selbst zu formulieren und sich Ihre Erfüllung zu kreieren.

Ich wünsche Ihnen eine erfüllte und glückliche Zeit beim Erschaffen Ihres neuen Lebens!

Was sind Affirmationen?

Affirmationen sind positiv formulierte Sätze, die unsere Wünsche und Sehnsüchte als bereits erfüllt ansprechen.
Wir Menschen haben meist viele verschiedene Wünsche und Sehnsüchte, welche teilweise ziellos und jederzeit wandelbar in unseren Köpfen herumschwirren. Leben wir aber in den Tag hinein, anstatt unser Leben zielgerichtet auf unsere eigenen Wünsche und Sehnsüchte hin auszurichten, reagieren wir nur noch auf Gegebenheiten und Situationen.

Affirmationen helfen uns dabei, unser Denken auf die Erfüllung unserer wahren Ziele auszurichten. Durch die klare Formulierung und häufige Wiederholung wirken sie bis in unser Unterbewusstsein und erzeugen so in uns die Überzeugung, die wir brauchen, um unsere Wünsche im Leben Wahrheit werden zu lassen.
Im Laufe unseres Lebens eignen wir uns eine Menge Glaubenssätze an, also Überzeugungen, die wir von unseren Eltern, Großeltern, Geschwistern, Freunden, Bekannten, Lehrern etc. übernommen haben, beispielsweise »So bekommst du nie einen Job«, »Wenn Du so weitermachst, hast du später nie Geld«, »Du machst nichts richtig«. Diese negativen Gewissheiten verankern sich durch die häufige Wiederholung und die Besetzung mit Angstbildern in unserem Unterbewusstsein. Gerade in Kindheit und Jugend sind wir hierfür sehr aufnahmebereit, sodass sie, ohne dass uns das bewusst ist, ein Leben lang Einfluss auf

unsere Überzeugungen, Wünsche und Entscheidungen haben können. Stattdessen sollten wir dieselben Mechanismen nutzen, um unsere wirklichen Wünsche und Sehnsüchte zu verwirklichen. Wie können wir diese aber erkennen?
Dazu empfehle ich Ihnen, sich einmal in Ruhe hinzusetzen und schriftlich festzuhalten, was Sie sich nicht wünschen. Ja, Sie haben richtig gelesen. In meiner Praxis habe ich festgestellt, dass die meisten Menschen, angesprochen auf Ihre eigentlichen Wünsche und Sehnsüchte, erst einmal innehalten und keine Antwort finden. Hingegen auf die Frage, was Sie sich denn nicht wünschen, sprudeln die Sätze nur so hervor.
Auch um sich einmal bewusst zu machen, dass man sich viel mehr negative Überzeugungen/Glaubenssätze angeeignet hat als positive, ist es sinnvoll, jene einmal aufzuschreiben.
Ein paar typische Beispiele für Dinge, die man sich nicht wünscht, sind:

- Ich will nicht arm sein.
- Ich will nicht mehr krank sein.
- Ich will nicht kontrolliert werden.
- Ich will nicht mehr arbeitslos sein.

Auch das sind Affirmationen. Jedoch liegt ihr Fokus auf dem Negativen und sie rufen daher in uns ein sehr starkes negatives Gefühl hervor, das wir förmlich körperlich spüren können. Das ist aber nicht das Schlimmste: Wenn wir unsere Aufmerk-

samkeit auf das, was wir nicht wollen, gerichtet halten, bekommen wir auch immer mehr von dem, was wir ja eigentlich nicht wollen. Dies ist so, weil zum einen unser Unterbewusstsein die Wörter »nicht« und »kein« nicht kennt und zum anderen starke emotionale Gefühle von so formulierten Affirmationen ausgehen.
Deswegen würden die oben genannten Sätze von unserem Unterbewusstsein folgendermaßen aufgenommen:

- Ich will arm sein.
- Ich will krank sein.
- Ich will kontrolliert werden.
- Ich will arbeitslos sein.

Wie kommen wir aus diesem Mangelbewusstsein heraus?
Wenn Sie in sich gehen, finden Sie sicherlich eine ganze Reihe von negativ formulierten (Glaubens-)Sätzen heraus. Auf Grundlage dieser Liste sollten Sie jetzt Ihre wahren Wünsche und Sehnsüchte aufschreiben, also das, was Sie sich wirklich als erfüllt wünschen. Hierzu können Sie die »Ich will nicht«-Sätze umformulieren:

- Ich bin reich.
- Ich bin gesund.
- Ich bin frei.
- Ich habe eine wundervolle neue Arbeitsstelle.

Diese Affirmationen werden im Präsens geschrieben. Sie sind eine Feststellung. Achten Sie einmal auf Ihre Gefühle, wenn Sie diese Sätze laut aussprechen. Können Sie sie spüren, sie erfühlen? Oder kommen in Ihnen Zweifel auf und spüren Sie eine innere Abwehr, einen Einspruch Ihres Verstandes, dem z. B. Ihr genauer Kontostand in Erinnerung kommt, wenn Sie die Affirmation »Ich bin reich« sagen? Sie können also feststellen, dass eine doch positiv formulierte Affirmation ein negatives Gefühl in Ihnen auslöst.
Wie sollten Affirmationen formuliert werden? Das Wichtigste beim Formulieren von Affirmationen ist, dass Sie sie für wahr halten müssen, damit sie in Ihnen positive Gefühle bewirken können. Hierzu kommt es auf die richtige Formulierung an.
Bei der Arbeit mit meinen Klienten und auch bei meiner persönlichen Arbeit habe ich festgestellt, dass die folgende Art von Formulierungen sich äußerst positiv verinnerlichen ließ, d. h. als wahr angenommen wurde:

- Mir gefällt die Vorstellung, ...
- Es gefällt mir, zu wissen, ...
- Es macht Spaß, sich vorzustellen, ...

Als vollständiger, positiv formulierter Satz:

- Mir gefällt die Vorstellung, ein Magnet für Wohlstand und Fülle zu sein.

Das Besondere an dieser Formulierung ist, dass man zuerst in eine Vorstellung geht – also hier in die Vorstellung, ein Magnet zu sein – und diese Vorstellung direkt ein positives Gefühl bewirkt, sodass das Unterbewusstsein dieses freudvoll annehmen kann.

Wie wirken Affirmationen?

Positiv formulierte Affirmationen, die Sie ständig wiederholen, am besten laut aussprechen und zusätzlich mehrmals am Tag aufschreiben, wirken tief in Ihr Unterbewusstsein und werden von diesem angenommen. Dort werden sie zusätzlich mit positiven Gefühlen/Emotionen verankert.

Aus eigener Erfahrung sowie aus den Erfahrungen mit meinen Klienten würde ich empfehlen, die Affirmation zwei bis drei Mal täglich zehn Minuten lang kontinuierlich laut zu sprechen oder zu lesen. Jeweils morgens nach dem Aufwachen und abends vor dem Einschlafen sind die besten Möglichkeiten, sie tief in Ihrem Unterbewusstsein zu verankern. Dabei sollten Sie nicht versuchen, möglichst schnell zu sprechen, sondern so bewusst wie möglich, damit auch die entsprechenden glaubhaften positiven Gefühle ausgelöst werden.

Zusätzlich zum Sprechen hat es sich als effektiv erwiesen, zwei bis drei Mal täglich die Affirmationen mindestens dreißig Mal aufzuschreiben. Hierzu können Sie sich eventuell ein kleines Tagebuch anschaffen, in das Sie Ihre Affirmationen notieren.

Mehr als drei Affirmationssätze sollten Sie nicht gleichzeitig zu verankern versuchen. Sie können sich jedoch zwei bis drei Affirmationssätze »zusammensetzen«, gleich einem Gebet. Dieses sollte aber nicht zu lang sein, gerade so lang, dass Sie es mit der Zeit auswendig können. Die Affirmationen oder

das Gebet müssen in Ihnen ein gutes, glaubhaftes Gefühl hervorrufen!
Es ist empfehlenswert, dieselben Affirmationen mindestens drei Wochen lang beizubehalten. Wie lange es dauert, bis sie sich manifestieren, liegt ganz bei Ihnen. Es gibt Wünsche, die unmittelbar in Erfüllung gehen, und manche brauchen sehr lange. Alles hängt von Ihrem Glauben und davon ab, wie glaubhaft die Gefühle, die Sie hervorrufen, sind. Hören Sie in Ihr Inneres; beobachten Sie beim Aussprechen der Affirmationen Ihren Körper. Haben Sie eine gewisse Skepsis beim Sprechen oder Lesen der Affirmationen? Verkrampfen Sie sich an einer Stelle des Körpers? Halten Sie sogar Ihren Atem an oder atmen Sie nur in den oberen Bereich Ihres Brustkorbs? All das sind mögliche Symptome, mit denen Ihr »Inneres Leitsystem« Ihnen mitteilt: »Hier stimmt etwas noch nicht.«
Was können Sie gegen Ihre Skepsis tun? Schauen Sie sich noch einmal Ihre »echten« Wünsche an, und fragen Sie sich: »Was will ich wirklich?« Können Sie sich vielleicht mit einer Ihrer Affirmationen nicht in Einklang bringen, sie nicht als wahr annehmen? Dann sollten Sie mit »kleineren«, für Sie glaubhafteren Affirmation beginnen und mit diesen mindestens drei Wochen arbeiten.
Sicherlich gibt es immer mal wieder »Rückschläge«. Sie sollten diese jedoch als persönliche Herausforderung verstehen und

einfach mit Ihrer Affirmationspraxis weitermachen. Denn die einzige Möglichkeit, glücklich zu sein, besteht darin, zu beschließen, dass man glücklich ist!

Richten Sie Ihre Aufmerksamkeit immer auf das, was Sie wollen, und Sie werden anfangen, sich besser zu fühlen. Richten Sie jedoch Ihre Aufmerksamkeit auf die Abwesenheit dessen, was Sie wollen, werden Sie sich immer schlecht fühlen.

Jedem ist schon einmal Unvorhergesehenes geschehen. Sie haben vielleicht eine hohe Rechnung erhalten, die Sie im Moment nicht begleichen konnten. Stiegen dann Ängste, ja sogar Existenzängste in Ihnen auf? Kamen Sie regelrecht ins Schwitzen? Verkrampften Sie sich und blieb Ihnen die Luft weg? So oder so ähnlich ist es jedem Menschen schon einmal ergangen.

In so einem Fall sind alle Ihre Sinne gefragt. Sie können bemerken, wie Ihr Körper Ihnen Hinweise und Zeichen sendet. Und diese inneren Zeichen/Hinweise sind Reaktionen, die von Ihrem »Inneren Leitsystem« ausgesendet werden. Sie fühlen sich unwohl, weil Ihr Verstand Ihnen ausmalt: »Was ist, wenn ich nicht zahlen kann?«, »Wie soll es jetzt bloß weitergehen?« usw.

Wenn Sie jetzt auf Ihre Affirmationen zurückgreifen, wird Ihnen Ihr Verstand vehement »reinreden«, bis Sie letztlich sagen: »Das hat sowieso keinen Sinn, sich alles schönzureden oder sich eine andere Situation zu wünschen.« Keine Sorge, das ist zu Anfang völlig normal!

Viele meiner Klienten – und ich natürlich auch – stehen gerade in dieser schnelllebigen Zeit des Umbruchs vor vielen Herausforderungen, die uns die Geduld verlieren lassen.

Empfehlenswert ist es, um bei dem Beispiel der Rechnung zu bleiben, diese erst einmal beiseitezulegen, mindestens dreimal tief in den Bauch zu atmen und das Bewusstsein auf etwas Schönes zu lenken, z. B. auf einen schönen Urlaub, den Sie verbracht haben, die Geburt Ihres Kindes o. ä. Anschließend lassen Sie ein Gefühl der Dankbarkeit in sich aufsteigen für z. B. diesen schönen Urlaub. Dieses Gefühl sollten Sie so lange wie möglich halten, mindestens jedoch 20 Sekunden. Mit diesem »Ritual« soll die Rechnung, die ja nun einmal da ist, nicht verdrängt werden oder alles beschönigt werden, Sie sollen vielmehr aus der niedrigen Schwingung herauskommen.

Es geht bei Ihren Wünschen immer um zwei einander entgegengesetzte Themen. Beispielsweise beim Thema Geld geht es

1. um Geld, ja, eine Menge Geld, gepaart mit dem Gefühl von Freiheit, Leichtigkeit und Freude, welches viel Geld vermitteln kann;
2. um die Abwesenheit von Geld, nicht genug Geld zu haben, nicht gut genug zu sein, um ausreichend zu verdienen; das Gefühl von Angst und Enttäuschung, das der Gedanke an die Abwesenheit von Geld mit sich bringt.

Sie müssen sich ganz klarmachen, dass Sie vom Ort des Mangels aus sein Gegenteil nicht anziehen können. Nur wenn Sie sich gut fühlen, sind Sie immer an dem Ort, von dem aus Sie das Erwünschte in Ihr Leben holen können! Wenn Sie grundlegende effektive Veränderungen in Ihrem Leben vornehmen wollen, müssen Sie grundlegend andere Schwingungen aussenden, also Gedanken haben, die sich schon beim Denken anders, besser anfühlen.

Zusammengefasst bedeutet dies also, dass positive Affirmationen nur wirken, wenn Sie bei ihrer Anwendung eine erhöhte Schwingung durch ein gutes, entspanntes Körpergefühl einnehmen. Erst wenn Ihr Verstand zur Ruhe gekommen ist, können Sie, dann aber sehr effektiv, mit Ihrer Affirmations-Arbeit beginnen.

Nichts ist so wichtig wie Ihr Wohlgefühl, denn wenn Sie sich gut fühlen, befinden Sie sich in Harmonie mit Ihrer höheren Absicht und ziehen das, was Sie sich wünschen, mit Leichtigkeit in Ihr Leben.

Eine kleine Meditationsübung mit großer Wirkung

Die folgende Meditation ist eine kleine Hilfe beim Erschaffen Ihrer Zukunft, die Ihnen mehr Klarheit über Ihren Weg bzw. Ihre Träume und Wünsche vermitteln kann.
Sie können sich mithilfe Ihrer Vorstellungskraft vor Ihrem geistigen Auge Bilder (Imaginationen) davon erschaffen, wie Ihre Zukunft aussehen soll. Sinnvollerweise stellen Sie sich erst einmal einen »kleineren« Zeitraum, z. B. bis zehn Jahre von heute an gerechnet, vor. Los geht's: Was wollen Sie also innerhalb der nächsten zehn Jahre erschaffen bzw. geschafft haben?
Spielen Sie mit der Zukunft – und fühlen Sie in sie hinein. Ist das, was Sie imaginieren, stimmig für Sie? Was können Sie alles sehen oder hören? Welche Energie nehmen Sie wahr? Ist es angenehm für Sie? Welche Menschen begegnen Ihnen oder welche verabschieden sich aus Ihrem Erfahrungsbereich? Welche Bereiche Ihres Lebens möchten Sie sich genauer anschauen? Was wollten Sie immer schon einmal erleben?
Probieren Sie einfach einmal Ihre Zukunft aus – wie ein Kleidungsstück. Sie können so bis ins kleinste Detail gehen. Machen Sie diese Reise öfter – Sie werden sehen, dass sich Ihre Zukunft immer eindeutiger und konkreter erschaffen lässt. Am Anfang wird sich Ihr Verstand höchstwahrscheinlich immer mal wieder melden und Sie im wahrsten Sinne für »ver-

rückt« halten. Doch achten Sie bei allen Ihren Imaginationen auf Ihr »Inneres Leitsystem«, Ihr inneres Gefühl – es wird Ihnen sagen, welche Zukunft die richtige für Sie ist.
Erschaffen Sie sich stimmige und farbenprächtige Bilder in Ihrer Vision, und achten Sie immer auf Ihre dazugehörigen Gefühle. Schauen Sie mehrere unterschiedliche Lebensabschnitte an.
Wenn Sie in Resonanz mit Ihren Visionen sind, erfüllt Sie immer, wirklich immer, ein großartiges und unbeschreibliches Gefühl der Freude und Dankbarkeit. Sie sollten sich Papier und Stift bereitlegen und Ihre Erfahrungen aufschreiben.
Nach einer Zeit, wenn Sie schon etwas Übung haben, können Sie Ihren Weg bis zum Lebensende erkennen, bis zu dem Zeitpunkt, an dem Sie vielleicht einmal Ihre Memoiren schreiben möchten. Hier angekommen, können Sie in Ihrer Lebensvision Rückschau halten. Wie sind Sie z. B. zu dem tollen Job gekommen? – Schauen Sie genau hin und notieren Sie es sich. Oder wie haben Sie denn so eine tolle Frau/einen tollen Mann gefunden? Es gibt unendlich viele Möglichkeiten, und Sie haben es in der Hand, sie in Ihr Leben zu ziehen.
Wenn Sie jetzt aus der Zukunft in die Gegenwart zurückkehren, behalten Sie sich Ihre Bilder als Visionen für Ihren Weg immer im Hinterkopf. Nutzen Sie dazu Ihre passenden Affirmationen, die Sie stets daran erinnern sollen, was Sie sich wirklich wünschen, wohin Sie wirklich wollen.
Nun viel Spaß beim Erleben Ihrer Visionen!

Liebe und Partnerschaft

Liebe und Partnerschaft sind wohl zwei der wichtigsten Themen in der heutigen, manchmal leider sehr vereinsamten Zeit. Gerade zu diesen Bereichen werde ich in meiner Praxis immer wieder um Hilfe gebeten. Eine Vielzahl von Ratgebern und Angeboten hierzu spricht eine klare Sprache.
Siegmund Freud (1856–1939) sagte zu dem Thema, dass eine Persönlichkeit, der es an Liebe fehlt, leidet und verkümmert. Wie wahr!
Um ein erfülltes Leben zu führen, sollten Sie lieben, was und wer Sie sind, was Sie tun, was Sie anstreben und mit wem Sie zusammen sind. Liebe heißt, ein Wohlwollen auf alle Menschen auszustrahlen, denn was Sie anderen Menschen wünschen, das wünschen Sie auch sich selbst, und was Sie anderen vorenthalten, das enthalten Sie auch sich selbst vor. Sollten sich negative Emotionen in Ihrem Unterbewusstsein festgesetzt haben, beginnen Sie damit, Liebe und guten Willen zu verströmen, denn wahre Liebe macht Sie frei.
Wenn Sie Liebe in sich selbst und zu sich selbst verwirklicht haben, dann empfangen Sie auch aus Ihrem Umfeld die Liebe, nach der Sie sich sehnen.

Ich mag es, zu wissen, dass alle Liebe in meinem Leben bei mir selbst beginnt.

Ich mag es, wenn in meinem Leben
viel Raum für die Liebe ist.

Ich mag das Gefühl, in einem ständigen Zustand der Liebe zu sein.

Ich bin begeistert von der Vorstellung,
dass, wohin ich auch gehe, nur liebevolle Erfahrungen auf mich warten.

Ich habe ein gutes Gefühl,
wenn ich auf mein Herz höre.

Der Glaube an meinen Erfolg
zeigt sich mir durch innere Glücksgefühle.

Es fühlt sich für mich gut an,
wenn ich bereit bin, zu vergeben.

Es ist schön, zu wissen,
dass das Leben mich liebt.

Ich habe ein gutes Gefühl,
wenn ich anderen Liebe schenken kann.

Von Tag zu Tag fällt es mir leichter, mir selbst
eine genügende Menge bedingungsloser Liebe
zu verabreichen.

Ich fühle mich stark und fähig, nur noch angenehme Erfahrungen und liebevolle Menschen in mein Leben zu ziehen.

Ich empfinde tiefe Liebe zu allem, was ist.

Es fühlt sich gut an, wenn ich meine Liebe mit anderen teile und sie vervielfacht zu mir zurückkommt.

Mir gefällt die Vorstellung, dass ich jetzt den für mich passenden Partner in mein Leben ziehe.

Um mich herum erfahre ich nur noch tiefe Liebe.

Mehr und mehr empfinde ich Glück und Wohlbefinden in meinem Leben.

Es fühlt sich angenehm an, zu wissen, dass die Liebe mich auf all meinen Wegen begleitet.

Mir gefällt der Gedanke, meinen Körper geistig mit Liebe zu füllen.

Ich fühle mich sicher, wenn ich die Verantwortung für mein Leben übernehme.

Ein starkes Gefühl der Liebe verleiht mir den nötigen Durchblick.

Ich spüre, dass meine Selbstliebe mir viele Türen öffnet.

Ich liebe dieses Gefühl, in Freude leben zu können.

Ich habe beschlossen, Dinge zu tun, die ich liebe.

Es ist schön, zu wissen, dass, wenn ich Liebe ausstrahle, diese wie ein Magnet wirkt und ich dadurch Wunder in mein Leben ziehe.

Es fühlt sich wunderbar an, jetzt, in diesem Augenblick, genau so akzeptiert und geliebt zu werden, wie ich bin.

Es ist schön, zu spüren, dass ich geliebt werde.

Es gefällt mir, zu wissen, dass Liebe Frieden und vollkommene Freude bedeutet.

Es ist schön, zu wissen, dass, wenn ich liebevoll und in ständiger Erwartung des Besten lebe, nur das Beste zu mir kommen kann.

Es gefällt mir, zu wissen,
dass die Liebe alle Probleme löst.

Heilung und Gesundheit

Machen Sie sich immer wieder klar, dass Sie einen Anspruch darauf haben, gesund zu sein.
Krankheiten haben ihren Ursprung im Bewusstsein. Im Körper erscheint nichts, dem nicht ein entsprechendes geistiges Muster zugrunde liegt. Ziehen Sie Ihre Aufmerksamkeit vollkommen von allen Krankheitssymptomen und Ihrem körperlichen Zustand ab. Bejahen Sie dann eine ruhige und liebevoll inspirierende, heilende und stärkende Kraft, die Sie durchströmt und mit Gesundheit erfüllt.
Flößen Sie Ihrem Unterbewusstsein die Idee der Gesundheit bzw. Heilung so lange ein, bis ein Gefühl tiefer innerer Gewissheit in Ihnen aufsteigt. Entspannen Sie sich dann, denn nur so können Sie Ihr Unterbewusstsein neu programmieren. Wenn Sie wirklich überzeugt davon sind, dass Gesundheit in Ihnen ist, wird auch Ihr Körper keine Leiden manifestieren.

Ich habe beschlossen, hier und jetzt Heilung
und gute Gesundheit zu akzeptieren.

Ich weiß, dass Gefühle Gedanken sind,
die sich durch meinen Körper bewegen.

Ich weiß, dass meine Gedanken mein
Immunsystem unterstützen und stärken können.

Es ist schön, zu wissen, dass jede Zelle
meines Körpers intelligent ist und sich selbst zu
heilen vermag.

Es ist ein großartiges Gefühl,
mich körperlich und geistig auf gute,
gesunde Weise zu ernähren.

Ich liebe das Gefühl,
meinen Körper gesund zu erhalten.

Es ist ein großartiges Gefühl, jede
Zelle meines Körpers mit Liebe zu durchströmen.

Es macht mir Freude, immer wieder
für Ordnung in meinem Leben zu sorgen.

Es fühlt sich gut für mich an, wenn ich mich
jetzt bewusst für ein Leben in heiterer,
friedvoller Gelassenheit entscheide.

Ich empfinde ein Wohlgefühl in meinem Bauch,
meinem Nacken und meinem Rücken.

Ich freue mich darauf, mich von jetzt an liebevoll um meinen Körper zu kümmern.

Ich spüre, wie jede Zelle meines Körpers förmlich von Liebe durchtränkt wird und blühende Gesundheit in meinen Körper einkehrt.

Mir gefällt der Gedanke, dass, wenn ich meinen Körper liebe, dies der erste Schritt zur Heilung ist.

Mit großer Freude helfe ich meinem Körper, meinem Bewusstsein und meiner Seele, indem ich in meiner Umgebung für eine liebevolle Atmosphäre sorge.

Ich liebe das Gefühl, einen gesunden und aktiven Körper zu haben.

Ich fühle mich von Tag zu Tag leichter.

Dass ich für mein Leben die volle Autorität
besitze, gibt mir ein Gefühl von Sicherheit.

Ich empfinde Dankbarkeit dafür,
dass mein Körper und mein Geist
eng verbunden sind.

Es fühlt sich gut an,
wenn meine Selbstheilungskräfte aktiv sind.

Wie wunderbar es sich anfühlt, wenn
jede Zelle meines Körpers förmlich von
Liebe und Licht durchtränkt wird!

Welch angenehme Empfindungen
der Mensch doch durch seine Sinne
wahrnehmen kann!

Ich fühle mich wohl bei dem Gedanken,
dass ich mehr und mehr in meine Kraft komme.

Es fällt mir zunehmend leicht,
meinen Körper zu lieben.

Immer stärker fühle ich mich
fest verwurzelt in meiner Kraft.

Ich mag es, eine heilende Atmosphäre
auszustrahlen, die Segen und Frieden bringt.

Mehr und mehr fühle ich mich wohl
in meinem Körper.

Mir gefällt der Gedanke, meinen Körper
jetzt so anzunehmen, wie er ist.

Mir gefällt der Gedanke, mich gesund,
glücklich und energiegeladen zu fühlen.

Ich liebe dieses warme
heilende Gefühl kosmischer Energie.

Arbeit und Beruf

Auch die Arbeit ist natürlich ein Hauptthema in der heutigen Zeit. Viele Menschen sind arbeitslos geworden oder befürchten, es zu werden. Viele Existenzen sind gefährdet. In meiner Praxis begegne ich immer wieder Klienten, die mit großen Sorgen in diesem Bereich belastet sind.

Doch in diesem scheinbaren Chaos liegen auch viele neue Chancen für den Betroffenen, sein Leben neu zu organisieren und spezifischer auszurichten – auch, um vielleicht durch scheinbare Umwege und Unwägbarkeiten gestärkter, kraftvoller und freier an seinen neuen Platz gestellt zu werden.

Vertrauen Sie Ihrem »Inneren Leitsystem«! Geben Sie sich selbst die Chance, an einen Platz gestellt zu werden, der Sie Ihrer wahren Berufung näherkommen lässt. Ihre Gedanken und Gefühle bestimmen Ihr Schicksal. Daher liegt die Verantwortung für sämtliche Misserfolge ganz allein bei Ihnen. Erkennen Sie, dass Ihre Gedanken schöpferisch sind, und wagen Sie einen Neuanfang, indem Sie Ihr Unterbewusstsein mit Wohlstands- und Erfolgsgedanken erfüllen. Dann werden sich auch in Ihrem Berufsleben neue Chancen eröffnen und Krisen Sie nur weiter voranbringen.

Es fühlt sich gut an, zu wissen, dass sich neue und wundervolle Chancen für mich auftun.

Ich bezahle meine Rechnungen mit Liebe, in dem Wissen, dass mein Einkommen stetig wächst.

Mehr und mehr lasse ich zu, dass mein Einkommen wächst.

Im Vertrauen darauf, dass die göttliche Intelligenz über meine geschäftlichen Angelegenheiten wacht, schreite ich von Erfolg zu Erfolg.

Immer mehr kann ich daran glauben, ein erfolgreicher Mensch zu sein.

Es fühlt sich großartig an, sich Mut zu machen und sich zu seinem Fortschritt zu beglückwünschen.

Mir gefällt die Vorstellung, dass ich die optimale Arbeitsstelle in mein Leben ziehe.

Es ist schön, zu wissen, dass ich dort, wo ich arbeite, geschätzt und gut bezahlt werde.

Ich empfinde Dankbarkeit für meine Arbeit, weil sie mir erlaubt, meine Talente und Fähigkeiten anzuwenden.

Ich empfinde Dankbarkeit für mein wachsendes Einkommen.

Es ist gut, zu wissen, dass ich nicht hart arbeiten muss, um Geld zu haben.

Es fühlt sich gut an, einen Arbeitsplatz zu haben, der mir Freude bereitet.

Es fühlt sich wunderbar an,
eine erfolgreiche Karriere zu haben,
und ich nehme sie jetzt auch innerlich an.

Mir gefällt die Vorstellung, dass meine Talente gefragt sind und meine einzigartigen Gaben von den Menschen geschätzt werden.

Ich weiß, dass ich das Beste verdiene,
und akzeptiere es voller Freude und Dankbarkeit.

Ein Gefühl der Dankbarkeit überkommt mich jetzt für all das, was ich bereits in meinem Leben erschaffen habe.

Ich spüre, dass der für mich perfekte Job nach mir Ausschau hält und wir jetzt zusammengebracht werden.

Es ist schön, zu wissen, dass,
wenn es Zeit für einen neuen Job ist,
sich die neue Stelle mühelos präsentiert.

Es ist schön, zu wissen, dass meine Arbeit die Entfaltung meines höchsten Potenzials unterstützt.

Mir gefällt die Vorstellung, die Arbeit zu tun, die ich liebe und für die ich gut bezahlt werde.

Ich bin begeistert von der Vorstellung,
dass, wenn ich im Job mein Bestes gebe,
ich auf jede erdenkliche Weise belohnt werde.

Es ist schön, zu wissen, dass ich
Erfolg auf allen Ebenen verdient habe.

Es ist großartig, zu wissen, dass
sich mir überall Chancen bieten.

Mehr und mehr bringen mir meine
kreativen Projekte tiefe Befriedigung.

Es fühlt sich gut an, zu wissen, dass jeder
neue Tag neue Chancen mit sich bringt.

Es ist schön, zu wissen, dass, wenn ich die Tätigkeit, die ich gegenwärtig ausübe, segne, diese eine Stufe auf meinem Weg zu Triumph und Erfolg ist.

Es fühlt sich gut an, zu wissen, dass ich eine Arbeitsstelle habe, in der ich meine Talente und Fähigkeiten den Menschen zur Verfügung stellen kann.

Erfolg und Fülle

Schon der US-amerikanische Philosoph Ralph Waldo Emerson (1803–1882) sagte, alle erfolgreichen Menschen seien Anhänger des Kausalprinzips. Damit meinte er, dass Menschen, die es zu etwas bringen, von der Überzeugung getragen werden, dass ihr Leben nicht vom Zufall bestimmt wird, sondern durch das ewig gültige Gesetz von Ursache und Wirkung – jeder Erfolg ist das Ergebnis bewusst getroffener Entscheidungen. Im Umkehrschluss bedeutet das, dass der Glaube an Glück und Zufall zu Erfolglosigkeit führt. Sind Sie bereit, für Ihre Ziele alte Ideen und Sichtweisen zurückzulassen und sich für neue Vorstellungen und Standpunkte zu öffnen? Sind Sie willens, Ihren Ärger über frühere Fehlschläge und Misserfolge aufzugeben? Sind Sie wirklich bereit, Neues in Ihr Leben zu lassen? Wenn ja, dann steht Ihrem Erfolg nichts mehr im Wege.

Mehr und mehr nehme ich
Reichtum wahr und freue mich an ihm.

Ich weiß, dass, wenn ich dem Leben
gegenüber freigebig bin, es mir
Fülle in vielfältigen Formen schenkt.

Es fühlt sich gut an, immer genug Geld
zu haben.

Mir gefällt der Gedanke,
dass ich finanziell stets gut versorgt bin.

Es fühlt sich wunderbar an, mit Leichtigkeit
ein höheres Einkommen zu erzielen.

Ich bin begeistert von der Vorstellung,
alle meine Rechnungen bezahlen zu können.

Immer mehr gestatte ich es mir,
viel Geld zu verdienen.

Ich bin begeistert von der Vorstellung,
dass ich stets finanziell abgesichert bin.

Ich mag es, zu entspannen und
mich an der Fülle im Hier und Jetzt zu erfreuen.

Ich löse mich von dem Gefühl,
kein Glück zu verdienen, und bin offen
für ein mir bisher unbekanntes Maß an
finanzieller Sicherheit.

Mir gefällt der Gedanke, mich für
die Fülle zu öffnen und Gutes zu akzeptieren.

In dankbarer Freude heiße ich alle
Rechnungen willkommen und weiß, dass das,
was ich gebe, vielfach zu mir zurückkehrt.

Mir gefällt der Gedanke, meinen Reichtum
und mein Wissen mit allen zu teilen,
denen ich auf meinem Weg begegne.

Es ist schön, zu wissen, dass meine
geschäftlichen Angelegenheiten von Erfolg
gekrönt sind.

Ich fühle mich gut bei dem Gedanken,
dass das Geld mein Freund ist und ich es mit
Leichtigkeit in mein Leben ziehe.

Ich liebe das Gefühl,
mehr und mehr Geld zu verdienen.

Ich freue mich, dass mein Gespür
für finanzielle Dinge besser und besser wird
und ich offener für neue Ideen und Wege werde.

Es ist schön, zu wissen, dass ich
alle Gaben und Fähigkeiten, die ich brauche,
um erfolgreich zu sein, in mir finde.

Jeden Tag liebe ich mich selbst ein
bisschen mehr, und dadurch tun sich mir
immer neue Möglichkeiten zur Mehrung
meines Einkommens auf.

Es ist schön, zu wissen, dass ich nicht hart
arbeiten muss, um ein gutes Einkommen zu
verdienen.

Es ist schön, zu wissen, dass Rechnungen die Bejahung meiner Zahlungsfähigkeit sind.

Ich kann voller Leichtigkeit und Freude mit Geld umgehen.

Ich habe beschlossen, ein Magnet für Wohlstand und Fülle zu sein.

Mir gefällt die Vorstellung, immer genug Geld zu haben.

Ich bin auf dem besten Weg, finanzielle Sicherheit als festen Bestandteil meines Lebens zu erfahren.

Ich bin begeistert von der Vorstellung, dass in meinem Leben der Wohlstand auf gesunde Weise fließt.

Ich liebe dieses wunderbare Gefühl ein Magnet für Fülle und Reichtum, Glück und Freude zu sein.

Ich fühle mich wohl, wenn ich mein Wissen und meinen Reichtum mit allen, die mir auf meinem Weg begegnen, teilen kann.

Es ist schön, zu wissen, dass mir meine finanzielle Situation eine gewisse Bequemlichkeit bietet und die Gewissheit, dass ich reisen kann, wohin ich will, und mir alles leisten kann, womit ich mich wohlfühle.

Mir gefällt die Vorstellung, dass ich ein gesundes Wohlstandsbewusstsein entwickle.

Ich entwickle jetzt ein Gefühl der Zuversicht bezüglich finanzieller Sicherheit in meinem Leben.

Mir gefällt der Gedanke, dass mir heute Geld aus bekannten und/oder unbekannten Quellen zufließt.

Es ist schön, zu wissen, dass meine finanzielle Situation es mir erlaubt, alles zu haben und zu genießen, was ich brauche und mir wünsche.

Von Tag zu Tag entwickle ich positivere Gefühle im Umgang mit Rechnungen.

Mir gefällt die Vorstellung, dass ich das Geld magnetisch anziehe.

Ich habe ein gutes Gefühl,
wenn ich mir erlaube, dass Wohlstand
mehr als bisher in mein Leben einzieht.

Ich liebe das Gefühl, ein Magnet
für Wohlstand und Geld in jeder Form zu sein.

Es ist ein großartiges Gefühl, zu wissen,
dass finanzielle Stabilität in mein Leben kommt.

Es fühlt sich wunderbar an,
von Erfolg zu Erfolg zu gehen.

Ein unerwarteter Geldsegen
fühlt sich gut an für mich.

Es ist ein großartiges Gefühl für mich,
wenn ich all meine Rechnungen mit Leichtigkeit
bezahlen kann.

Es fühlt sich wunderbar an, zu wissen,
dass ich finanziell stets gut versorgt bin.

Es ist schön, zu wissen, dass ich
Erfolg ausstrahle und es mir dabei gutgeht.

Gerade jetzt, in diesem Moment,
fühle ich, dass mir enormer
Reichtum und Fülle zur Verfügung stehen.

Es tut gut, zu wissen, dass ich
im Einklang mit meinen Finanzen bin.

Es fühlt sich gut an, neue Quellen
der Fülle zu entdecken.

Mir gefällt der Gedanke, dass
sich mein Einkommen stetig verbessert.

Liebevoll segne ich mein Einkommen
und schaue ihm beim Wachsen zu.

Ich bin begeistert von der Vorstellung,
dass Wohlstand auf vielen Wegen und
in vielen Formen zu mir kommt.

Mir gefällt der Gedanke, finanziell abgesichert
zu sein und zuversichtlich und entspannt in die
Zukunft zu blicken.

Mir gefällt die Vorstellung, dass Geld
im Überfluss in mein Leben strömt.

Ich bin begeistert von der Vorstellung,
offen und empfänglich für Stärke,
Glück und Erfolg zu sein.

Mir gefällt der Gedanke, bei allem,
was ich anpacke, Erfolg zu haben.

Ich bin begeistert von der Vorstellung,
jetzt ein Wohlstandsbewusstsein zu entwickeln,
und meine finanzielle Situation spiegelt diesen
Wandel wider.

Ich liebe das Gefühl, erfolgreich zu sein,
und akzeptiere dies jetzt.

Mehr und mehr erweitere ich mein Gewahrsein für Fülle, die sich in einem ständig wachsenden Einkommen widerspiegelt.

Ich bin begeistert von der Vorstellung, dass mein Einkommen ständig zunimmt.

Es ist schön, zu wissen, dass ich Erfolg ausstrahle und bei allem, was ich unternehme, erfolgreich bin.

Es ist gut, zu wissen, dass ich zur Verwirklichung meiner Träume und Ziele ein solides Fundament erschaffe.

Es fühlt sich gut an, zu wissen, dass ich zum Erfolg geboren bin.

Ich bin begeistert von der Vorstellung, dass die unendliche Intelligenz mir meine verborgenen Talente zeigt.

Es ist gut, zu wissen, dass finanzielle Gewinne und Verluste in meinem eigenen Denken entstehen.

Es fühlt sich gut an, zu wissen, dass das, was ich anstrebe, auch zu mir strebt.

Es ist schön, zu wissen, dass, wenn ich mich mit dem Geld wirklich anfreunde, es mir immer reichlich zur Verfügung steht.

Ich empfinde Begeisterung in meinem Leben, wenn ich meinen Zielen immer näher komme.

Mir gefällt dieses zuversichtliche Gefühl,
dass ich alles getan habe, um meine Wünsche
wahr werden zu lassen.

Es fühlt sich leicht an,
von Erfolg zu Erfolg zu gehen.

Wachstum und Spiritualität

Im Leben jedes Menschen gibt es zeitweise Probleme und Schwierigkeiten. Aber wir sind auch alle mit dem spirituellen Rüstzeug ausgestattet, um diese Hürden zu überwinden.
Wenn das Leben uns plötzlich mit etwas Unerwartetem konfrontiert, bedeutet dies nichts anderes, als dass wir selbst mit unseren eigenen, ständig wiederholten negativen Gedanken etwas Unerwünschtes in unser Leben gezogen haben.
Statt unsere Ängste und Sorgen sollten wir unsere Wünsche und Sehnsüchte bekräftigen, indem wir das starke Gefühl des Glaubens, der Freude und des Glücks über deren Erfüllung empfinden. Wenn wir auf unsere spirituellen Potenziale vertrauen und die Gewissheit entwickeln, dass sie uns in dem Umfang, in dem wir sie brauchen, zur Verfügung stehen, dann lassen wir ganz automatisch viel leichter Angenehmes und Positives in unser Leben.

Ich empfinde eine tiefe Verbundenheit
mit jener Macht, die mich erschuf.

Ich fühle, dass ich jeden Tag
mein Leben aufs Neue erschaffen kann.

Ich habe beschlossen,
mein volles Potenzial zu entfalten.

Es tut mir gut, wenn ich mich
meinem Höheren Selbst mitteile.

Ich weiß, dass ich ein hohes Lichtwesen bin.

Ein Gefühl der Sicherheit und Geborgenheit überkommt mich, weil ich weiß, dass mein Bewusstsein stetig wächst und sich wandelt.

Ich mag das Gefühl, meine schöpferische Kraft voll auszudrücken.

Ich liebe das Gefühl, in höchstmöglicher Bewusstheit zu leben.

Mir gefällt die Vorstellung, dass mein innerer Dialog stets gütig und liebevoll ist.

Frieden überkommt mich, wenn ich mit meinem Höheren Selbst meine Welt erschaffe.

Ich freue mich darauf, in allen Bereichen
meines Lebens positive Erfahrungen zu machen.

Ich liebe das Gefühl, zu wissen, dass ich
über unbegrenzte Wahlmöglichkeiten verfüge
und überall Chancen auf mich warten.

Es fühlt sich gut an, wenn sich
Tag für Tag mein Herz weiter öffnet.

Es ist schön, zu wissen, dass sich mir
neue und wunderbare Chancen auftun.

Es fühlt sich gut an, zu wissen,
dass es immer einen Weg gibt.

Ich empfinde Freude an neuem,
frischem Denken.

Es fühlt sich wunderbar an, meine Vision und
Bestimmung klar und deutlich vor mir zu sehen.

Es fühlt sich gut an,
mein Inneres Kind zu lieben.

Von Engeln umgeben zu sein,
fühlt sich wunderbar an.

Es fällt mir leicht, zu verstehen, dass
meine Gefühle durch meine Gedanken
erschaffen werden.

Ich liebe diese Freude, die ich empfinde,
wenn mir neue Ideen kommen.

Mir gefällt die Vorstellung, dass ich stets
mit einem Universum verbunden bin,
das mich bedingungslos liebt.

Es ist schön, zu wissen, dass ich mein
Bewusstsein auf jede gewünschte Weise
nutzen kann.

Immer mehr nehme ich meine eigene
Macht in Anspruch und erschaffe
voll Liebe meine Wirklichkeit selbst.

Es ist schön, zu wissen, dass ich
von Gott geführt werde.

Ich liebe das Gefühl, wenn freudvolle neue Ideen ungehindert fließen.

Es ist schön, zu wissen, dass ich die Freiheit habe, wundervolle Gedanken zu denken.

Ich fühle mich wohl bei dem Gedanken, aus erwarteten und unerwarteten Quellen nur noch Gutes zu erhalten.

Ich sehe mich gern als strahlendes Wesen, welches das Leben in vollen Zügen genießt.

Ich freue mich darüber, dass ich die Macht über mein eigenes Denken besitze und nach eigenem Wunsch über sie verfügen kann.

Es ist schön, zu wissen, dass mein
Weg mich Schritt für Schritt
zu immer größeren Erfolgen führt.

Es ist gut, zu wissen, dass, wenn ich mein Bewusstsein mit gesunden, positiven und liebevollen Gedanken anfülle, diese sich in meinen Erfahrungen widerspiegeln werden.

Es ist schön, zu wissen, dass die Gesetze der Energie immer wirksam sind.

Ich bin begeistert von der Vorstellung, meinem inneren Licht zu folgen.

Ich liebe dieses Gefühl, meine Arme weit zu öffnen, um die ganze Fülle dessen zu empfangen, was das Universum mir schenken will.

Ich bin begeistert von der Vorstellung, mein Unterbewusstsein mit neuen Glaubenssätzen zu programmieren.

Mir gefällt der Gedanke, dass sich mein spirituelles Potenzial auf wundervolle Weise entfaltet.

Es ist schön, zu wissen, dass Wunder in meinem Leben geschehen.

Ich bin begeistert von der Vorstellung, dass mir Veränderungen leichtfallen.

Es ist schön, zu erkennen, dass es im Universum eine Macht und Intelligenz gibt, die immer auf meiner Seite steht.

Ich liebe es, mein Bewusstsein auszudehnen und an das höchste für mich vorstellbare Gute zu denken.

Ich liebe dieses Gefühl, von positiver Energie erfüllt zu sein.

Ich freue mich darauf, die spirituellen Gesetze zu erlernen, weil ich weiß, dass dann in meinem Leben Wunder geschehen.

Ich weiß, dass ich durch mein Denken meine Realität erschaffe.

Ich liebe das Gefühl, wenn ich im Frieden mit meinem Höheren Selbst meine Welt erschaffe.

Ich habe ein gutes Gefühl, wenn ich
meinem inneren Stern folge, denn dann funkle
und strahle ich auf einzigartige Weise.

Ich habe beschlossen, mich stets
der göttlichen Führung anzuvertrauen.

Es ist schön, zu wissen, dass eine
meiner machtvollsten Gaben meine
Vorstellungskraft ist.

Ich fühle, wie ich mit Leichtigkeit
meine Gedanken lenken kann.

Ich spüre ein tiefes Vertrauen
zu meinem inneren Wesen.

Ich fühle mich immer stärker
mit meinem wahren Selbst verbunden.

Wenn ich mein Bewusstsein mit meinem Höheren Selbst verbinde, gehe ich gelassen durchs Leben.

Es ist gut, zu wissen, dass ich durch das Gesetz der Anziehung Gutes in mein Leben ziehen kann.

Es ist schön, zu wissen, dass meine innere Weisheit mich stets leitet und beschützt.

Es fällt mir immer leichter,
meiner Intuition zu vertrauen.

Ich habe ein gutes Gefühl, wenn ich mein Unterbewusstsein mit positiven, liebevollen und ermutigenden Botschaften programmiere.

Mir gefällt die Vorstellung, dass ich hier bin, weil ich einzigartig bin und Gott mich und meine Einzigartigkeit braucht.

Es ist schön, zu wissen, dass ich hier bin, um etwas zum Leben beizutragen.

Ich liebe es, zu wissen, dass sich meine Lebensaufgabe immer mehr herauskristallisiert.

Es ist schön, zu wissen, dass mein Inneres Leitsystem mir stets die richtige Antwort signalisiert.

Persönliche Entwicklung

Das Leben ist ein permanenter persönlicher Wandlungsprozess. Um sich in die Richtung zu wandeln, in die Sie sich entwickeln möchten, ist es entscheidend, Ihre Gedanken, Gefühle und Lebensreaktionen in Gleichklang mit Ihren Wünschen und Sehnsüchten zu bringen.
Wenn Sie etwas Spezielles besitzen oder erreichen möchten, begeben Sie sich in die dem Ziel entsprechende Schwingung – in das Gefühl, das der erwünschte Zielzustand in Ihnen auslöst.
Das einzige Hindernis auf Ihrem Weg zum Erfolg sind Ihre eigenen negativen Gedanken und Vorstellungsbilder. Solange Sie sich darauf konzentrieren, etwas noch nicht zu besitzen oder erreicht zu haben, stehen Sie der Verwirklichung Ihrer Wünsche selbst im Weg. Stimmt das Gefühl und damit die Schwingung, die Sie aussenden, mit Ihrem Wunsch überein, stellen sich die positiven Ergebnisse fast von selbst ein.

Ich habe beschlossen, dass ich
nur noch positive Gedanken zulasse.

Ich habe ein gutes Gefühl bei der Vorstellung, meine Aufmerksamkeit auf das Gute zu richten und dadurch Grenzen und Blockaden aufzulösen.

Es ist schön, zu wissen, dass Dankbarkeit und die Bereitschaft, Geschenke anzunehmen, kraftvolle Magnete sind, die tagtäglich Wunder in mein Leben ziehen.

Ich finde es toll, stetig voranzugehen
und große Träume zu träumen.

Mir gefällt der Gedanke, dass ich beim Erlernen neuer Fähigkeiten geduldig und liebevoll mit mir selbst umgehe.

Es ist schön, zu wissen, dass mein inneres Wesen
mich stets auf wunderbare Weise lenkt.

Ich fühle mich in der Lage, andere Entscheidungen
als bisher zu treffen und
andere Erfahrungen zu erschaffen.

Ich habe ein gutes Gefühl bei der Beanspruchung
meiner Macht und überwinde
alle Grenzen.

Ich fühle mich sicher, wenn ich bereit bin,
mich zu verändern und zu wachsen.

Ich habe ein gutes Gefühl, wenn ich auf meinen
inneren Dialog achte und ihm lausche.

Ich finde es gut, zu wissen, dass das, was ich in diesem Moment denke, meiner völligen Kontrolle unterliegt.

Ich fühle mich sicher, wenn ich meinen Horizont erweitere, um mich dadurch mühelos von Begrenzungen zu befreien.

Ich habe beschlossen, mein volles Potenzial zu entfalten.

Ich bin begeistert von der Vorstellung, dass sich immer mehr Wunder in meinem Leben ereignen.

Mir gefällt die Vorstellung, mir neue Möglichkeiten zu erschaffen, indem ich alte Grenzen überwinde.

Es fühlt sich gut an, zu wissen,
dass ich gebraucht werde.

Mir gefällt der Gedanke, immer die Freiheit zu besitzen, meine Gedanken selbst zu wählen.

Es fühlt sich wunderbar an, wenn friedvolle neue Ideen ungehindert zirkulieren.

Ich weiß, dass ich immer für mich da bin.

Es ist schön, zu wissen, dass ich in meinem Leben stets eine neue Richtung einschlagen kann.

Es ist schön, zu wissen, dass ich meine
Vorstellungskraft nutzen kann, um Gutes
für mich und meine Mitmenschen zu erschaffen.

Ich habe beschlossen, mich zum
Positiven hin zu verändern.

Ich mag es, ein guter und
liebenswerter Mensch zu sein.

Ich freue mich darauf, mich auf
klare und positive Gedanken zu konzentrieren.

Mir gefällt die Vorstellung,
dass ich unvergleichlich bin.

Es ist schön, zu wissen, dass, wenn ich mich liebevoll selbst annehme, sich die Veränderungen, die ich mir wünsche, schnellstmöglich verwirklichen.

Es ist schön, zu wissen, dass ich eine gesunde Selbstachtung besitze und fühle, dass ich stets sicher und geborgen bin.

Ich kann leicht akzeptieren, dass sich alles zu meinem höchsten Wohl entwickelt.

Ich liebe es, geduldig mit mir zu sein und auf meine Gedanken und Worte zu achten.

Mit großer Freude spüre ich, dass meine neuen Gewohnheiten sich positiv auf mein Leben auswirken.

Ich mag es, mit Leichtigkeit und Freude zu lernen.

Mir gefällt die Vorstellung, dass sich all die Hindernisse in meinem Leben jetzt auflösen.

Ich habe beschlossen, Dinge zu tun, die ich liebe.

Ich habe ein gutes Gefühl bei dem Gedanken, etwas ganz Besonderes zu sein.

Mir gefällt die Vorstellung, stets behütet und beschützt zu sein.

Ich liebe das Gefühl, zu wissen, dass ich jede Herausforderung in meinem Leben meistern kann.

Ich weiß, dass ich so, wie ich bin,
vollkommen bin.

Ich freue mich darauf, dass mein Leben nur Gutes für mich bereithält.

Ich fühle mich sicher, denn ich weiß,
dass ich mich mit niemandem vergleichen muss.

Mir gefällt der Gedanke, dass für mich
jeder Augenblick ein neuer Anfang ist.

Ich habe ein gutes Gefühl, wenn ich
Gedanken wähle, die mich glücklich machen.

Es fühlt sich für mich wunderbar an,
wenn ich eine gute Meinung von mir habe.

Ich fühle mich befreit, wenn ich für
Ordnung in meinem Leben sorge.

Es fühlt sich gut an, zu wissen, dass,
wenn ich mein Denken verändere, sich auch
mein Leben ändert.

Es ist schön, zu wissen, dass ich immer zur rechten
Zeit am rechten Ort bin.

Ich weiß, dass ich jeden Tag einen
Schritt nach vorn machen kann.

Die Vorstellung, Probleme als
Botschaften anzuerkennen, gefällt mir.

Ich empfinde Leichtigkeit
beim Erlernen neuer Fähigkeiten.

Ich liebe das Gefühl,
in Harmonie mit allem, was ist, zu leben.

Ich mag es,
den Menschen helfen zu können.

Ich fühle mich sicher, da ich
mehr und mehr meine Einzigartigkeit erkenne.

Ich fühle mich glücklich, wenn ich
meine Gaben und Fähigkeiten entdecke.

Es fühlt sich wunderbar an, wenn ich mich
für all die guten Dinge im Leben öffne.

Ich fühle mich gut in meiner Welt.

Ich weiß, dass ich so, wie ich jetzt in diesem
Moment bin, vollkommen richtig bin.

Ich fühle mich sicher, wenn ich meine Begrenzungen nach und nach loslasse.

Ich fühle mich glücklich und voller Energie.

Es fühlt sich für mich gut an, wenn ich Entscheidungen treffe.

Wie wundervoll es sich anfühlt, wenn die Glückseligkeit mir in Schauern den Rücken hinunterläuft!

Ich fühle mich gut und spüre, dass ich auf dem richtigen Weg dahin bin, nur positive Gedanken für mich arbeiten zu lassen.

Ich fühle mich sehr glücklich,
bei dem Gedanken, überreich mit Talenten und
Fähigkeiten ausgestattet zu sein.

Ich genieße jetzt das Gefühl
einfach nur ich selbst zu sein.

Es fällt mir immer leichter, neue Entscheidungen,
die hilfreicher und gesünder für mich sind, zu treffen.

Ich liebe meine Energie, die
heute strahlend und friedvoll ist.

Es ist schön, zu wissen, dass ich, wenn ich
auf neue positive Weise denke und spreche,
meine Realität verändere.

Es fühlt sich gut an für mich, wenn ich mein Leben jetzt selbst in die Hand nehme.

Ich fühle mich sicher und vertraue darauf, dass der Prozess des Lebens mir das Beste bringen wird.

Ich weiß, dass alles, was ich gebe, vielfach zu mir zurückkommt.

Ich spüre Erleichterung, wenn ich jedes Verlangen nach Kampf oder Leiden aufgebe.

Mir gefällt die Vorstellung, dass meine einzigartigen schöpferischen Talente und Fähigkeiten frei fließen und auf zutiefst befriedigende Weise Ausdruck finden.

Ich habe ein gutes Gefühl, wenn ich Freude ausstrahle und andere daran teilhaben lassen.

Es fühlt sich wunderbar an, zu wissen, dass sich alles zu meinem Besten entwickelt.

Ich fühle mich immer sicherer, wenn ich meine Gefühle ausdrücke.

Immer leichter kann ich Gutes annehmen, denn ich weiß, dass all meine Bedürfnisse und Wünsche erfüllt werden.

Ich habe ein gutes Gefühl bei der Vorstellung, dass ich mich zu meinem Vorteil verändere.

Ich liebe das Gefühl,
zentriert und konzentriert zu sein und mich
dadurch jeden Tag sicherer zu fühlen.

Ich habe ein gutes Gefühl dabei,
auf eigenen Beinen zu stehen.

Kreativität und Allgemeines

Es gehört zur menschlichen Natur, dass wir uns fragen, weswegen wir hier auf der Erde, in diesem Leben sind. Wir fragen uns, was unsere Bestimmung ist.

Sie sind hier, um Ihren wahren Platz im Leben zu finden, denn Sie sind einzigartig. Kein zweiter Mensch auf dieser Erde ist wie Sie. Sie wurden mit ganz besonderen Fähigkeiten, Qualitäten und Begabungen ausgestattet.

Ihre Aufgabe besteht darin, eben diese Fähigkeiten und Begabungen zu entwickeln und zu fördern, dadurch finden Sie dann auch Ihre höchste Bestimmung – Ihren wahren Platz im Leben.

Sie haben ein Anrecht auf Erfolg und alle guten Dinge des Lebens, jedoch müssen Sie diese bewusst beanspruchen, indem Sie sie gefühlsmäßig verinnerlichen. Vertrauen Sie darauf, dass diese Talente, die Ihnen gegeben wurden, Ihnen immer zu Diensten stehen, um Ihre Persönlichkeit genau dorthin zu entwickeln, wo sie Ihre seelische Aufgabe am besten erfüllen kann.

Es ist schön, zu wissen, dass ich bereits gut genug für ein wunderschönes erfülltes Leben bin.

Es ist schön, zu wissen, dass ich, wenn in mir alles im Gleichgewicht ist, alles bekomme, was ich mir wünsche.

Ich habe ein gutes Gefühl und vertraue darauf, dass sich alles zu meinem höchsten Wohl entwickelt.

Mehr und mehr wähle ich Gedanken der Dankbarkeit und Wertschätzung gegenüber meinem Leben.

Mir gefällt die Vorstellung eines gesunden Selbstbildes.

Ich finde es gut, zu wissen, dass das,
was ich in diesem Moment denke,
meiner völligen Kontrolle unterliegt.

Ich empfinde Freude, denn mein Leben fließt
leicht und mühelos.

Es fühlt sich gut an, wenn ich mein Herz öffne,
um die Leichtigkeit und Freiheit hereinzulassen.

Es ist schön, zu wissen, dass das Leben
mich trägt und erhält.

Mir gefällt der Gedanke,
meiner Kreativität freien Lauf zu lassen.

Es ist großartig, zu wissen, dass ich so,
wie ich jetzt in diesem Augenblick bin,
wunderbar bin.

Mit großer Freude fühle ich die wachsende
Harmonie mit dem Fluss meines Lebens.

Mir gefällt die Vorstellung,
mir einen Lebensabend zu erschaffen,
der viel schöner ist, als das, was frühere
Generationen im Alter erlebt haben.

Es ist schön, zu wissen, dass ich so sein kann,
wie ich bin.

Es ist schön, zu wissen, dass ich einzigartig bin,
so wie jeder Mensch einzigartig ist.

Ich fühle mich gut bei dem Gedanken,
dass mein Leben von Tag zu Tag leichter wird.

Es fühlt sich gut an, mein Bestes zu geben und
dabei immer neue Möglichkeiten zu entdecken,
meine Lebensqualität zu steigern.

Ich kann fühlen, dass alles immer besser wird für
mich und das Leben nur Gutes für mich bereithält.

Ich liebe dieses wunderbare Gefühl,
dass alles in meinem Leben gut ist.

Es ist schön, zu wissen, dass alles, was ich brauche,
immer da ist, wenn ich es brauche.

Ich liebe das Gefühl, wenn ich mich für
kleine und große Leistungen lobe.

Immer stärker vertraue ich dem Lauf
meines Lebens.

Ich habe ein gutes Gefühl bei dem
Gedanken, dass ich ein wertvoller Mensch bin.

Mit Erleichterung lasse ich los, was nicht mehr
zu mir gehört.

Ich empfinde Dankbarkeit für das, was ich habe,
weil ich weiß, dass es weiter zunimmt.

Es ist schön, zu wissen, dass Dankbarkeit und die Bereitschaft, Geschenke anzunehmen, kraftvolle Magnete sind, die tagtäglich Wunder in mein Leben ziehen.

Ich mag es, ein entscheidungsfreudiger Mensch zu sein.

Ich habe beschlossen, nur liebevolle Menschen und Erfahrungen in mein Leben zu ziehen.

Es fühlt sich gut an, zu wissen, dass sich, wenn sich eine Türe schließt, dafür eine andere öffnet.

Mehr und mehr wähle ich Gedanken, die mich glücklich machen und wohltuend sind.

Es ist großartig, zu wissen, dass man
in jedem Alter ein erfülltes Leben führen kann.

Ich habe ein gutes Gefühl bei der
Kommunikation mit anderen Menschen.

Mir gefällt die Vorstellung, dass sich all die
Hindernisse in meinem Leben jetzt auflösen.

Es fühlt sich gut an, jemanden zu
beschenken oder selbst beschenkt
zu werden.

Ich habe beschlossen, mein Leben
zu genießen – und fühle mich gut dabei.

Es ist gut, zu wissen, dass, wenn ich
mein Denken verändere, sich auch mein Leben
ändert.

Ich mag es, mein eigener bester
Freund zu sein.

Ich habe ein gutes Gefühl, weil ich weiß,
dass ich eine starke und verantwortungsbewusste
Persönlichkeit bin.

Die Vorstellung, dass alle Menschen
miteinander verbunden sind, erstrahlt im hellen Licht.

Es fühlt sich gut an, ein erfülltes
und schönes Leben zu leben.

Ich mag das Gefühl, angenehme Erfahrungen
und liebevolle Menschen in mein Leben zu ziehen.

Es ist schön, zu wissen, dass sich
meine Visionen erfüllen werden.

Es ist gut, zu wissen, dass alles,
was ich im Leben brauche, stets
zur rechten Zeit für mich verfügbar ist.

Ich liebe das Gefühl, dass mich das Leben
mit vielen neuen Ideen versorgt.

Ich bin begeistert von der Vorstellung,
dass sich mir stets neue Türen öffnen.

Mir gefällt die Vorstellung, dass ich eine Rolle im Plan des Lebens spiele und ich meine höchste Bestimmung auf jeden Fall entdecken und erfüllen werde.

Ich liebe das Gefühl, zu wissen, dass das Leben mich liebt und immer für mein Wohlergehen sorgt.

Ich freue mich darüber,
meiner Kreativität Raum zu geben.

Mir gefällt der Gedanke, dass ich jetzt liebevolle Menschen und liebevolle Erfahrungen in mein Leben ziehe.

Es fühlt sich gut an, ein Leben in Akzeptanz und Verständigung zu führen.

Mir gefällt die Vorstellung, dass mein Leben mit jedem Tag besser wird.

Ich fühle mich sicher, wenn ich meine Gefühle ausdrücke, und kann in jeder Situation heiter und gelassen sein.

Ich fühle mich gut, wenn ich mich auf meine Weise kreativ ausdrücke.

Es ist schön, zu wissen, dass mein Unterbewusstsein, wenn ich es um Führung bitte, oft in Form eines Gefühls antwortet.

Es fühlt sich gut an, zu wissen, dass sich meine Intuition immer mehr entwickelt.

Mir gefällt die Vorstellung, dass mir
meine Intuition zu spontanen Erkenntnissen verhilft.

Ich empfinde enorme Erleichterung
darüber, dass ich nicht alles verstehen muss.

Mir gefällt die Vorstellung, dass es
für jedes Problem eine Lösung und auf jede Frage
eine Antwort gibt.

Ich liebe es, zu wissen, dass es
für mich keine Grenzen gibt.

Nachwort

Abschließend wünsche ich Ihnen viel Spaß, Freude, Leichtigkeit und Erfolg bei der ganz persönlichen Anwendung Ihrer Affirmationen.

Denken Sie immer daran: Das Einzige, was zählt, ist der gegenwärtige Augenblick. Die Vergangenheit ist vorbei und hat keine Macht mehr über Sie. Die einzige Macht ist Ihr gegenwärtiges Denken. Ergreifen Sie die volle Kontrolle darüber!

Verleihen Sie Ihrem Leben einen neuen Ausdruck, indem Sie sich (ver)wandeln und weiterentwickeln. Wünschen Sie es sich von ganzem Herzen, und Ihr gesamtes Denken und Ihr Leben werden sich dauerhaft zu Ihrem Vorteil verändern, denn wenn Sie Ihre Leidenschaften finden und ernst nehmen, werden Sie zu etwas Großem.

In diesem Sinne wünsche ich Ihnen alles nur erdenklich Gute und grüße Sie herzlichst,

Ihre Ursula Schuster

Bildnachweis: Fotolia_10678350, Fotolia_11873984, Fotolia_11890695, Fotolia_16161777,
Fotolia_3137408, Fotolia_3964541, Fotolia_639864, Fotolia_85722
www.fotolia.de